2 Choose the correct letters to begin each word. The first one has been done for you.

a | f-r | d-r

__dr__um

b | g-r | p-r

_____ass

c | t-r | p-r

_____am

d | t-r | b-r

_____uck

3 Choose one of the words from **2** to complete each sentence.

a You drive a _____.

b A baby goes in a _____.

c You bang a _____.

d A cow eats _____.

Fun Zone!

Time to make a scary spider!

Scary! You can now find and colour **Shape 4** on the Monster Match page!

Scary Spiders

You will need black card, scissors, glue and white crayons (or chalk).

Ask an adult to help when needed.

1 Cut an oval and a circle from the black card for the body and head.
2 Cut four identical long, thin strips of black card for the legs.
3 Glue the round head to the oval body.
4 Glue the legs onto the back of the body to make four legs at each side of the body. Then turn it over.
5 Bend the eight legs in half and again where the legs meet the body.
6 Use white crayons to draw some eyes on your spider's head.

igh Sounds

I go mining in the caves.
Sometimes it is as black as n**igh**t!
I have to use a torch to make
it l**igh**t.

When the letters **igh** come
together, the **three** letters make
the 'i' sound (as in p**ie**).

l→**igh**→t = light

n→**igh**→t = night

Dad needs a l**igh**t to see at n**igh**t.

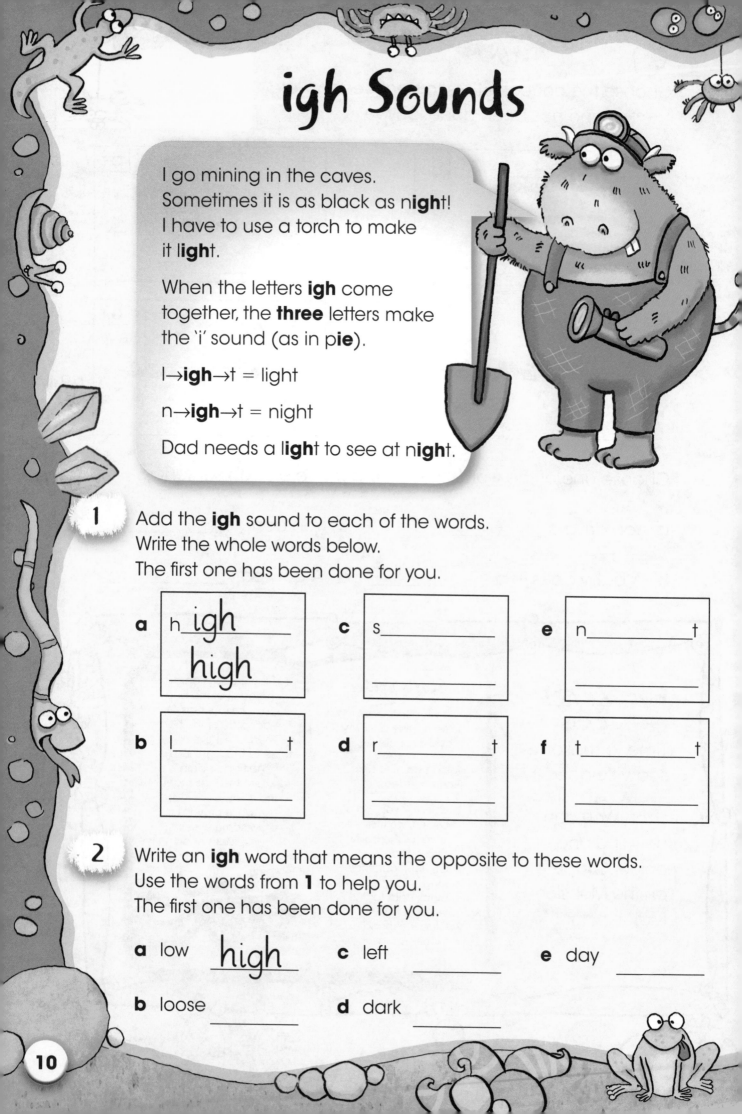

1 Add the **igh** sound to each of the words.
Write the whole words below.
The first one has been done for you.

a h_igh_
high

c s_____

e n_____t

b l_____t

d r_____t

f t_____t

2 Write an **igh** word that means the opposite to these words.
Use the words from **1** to help you.
The first one has been done for you.

a low   _high_

c left _____

e day _____

b loose _____

d dark _____

3 Underline all the **igh** words in this story.
The first one has been done for you.

The princess gave a deep <u>sigh</u>. She had been locked up in a high tower by a wicked queen. She was frightened. There was not much light at night. Just then there was a sound right outside. The princess looked out. What a sight met her eyes! A handsome prince was there on a white horse. He threw up a rope with all his might. The princess held on tight as she climbed down. She was free at last.

4 Make a list of the **igh** words you found in the story.

_____

_____

_____

_____

Fun Zone!

Join the dots in the correct number order to make the picture.

Well done! You can now find and colour **Shape 5** on the Monster Match page!

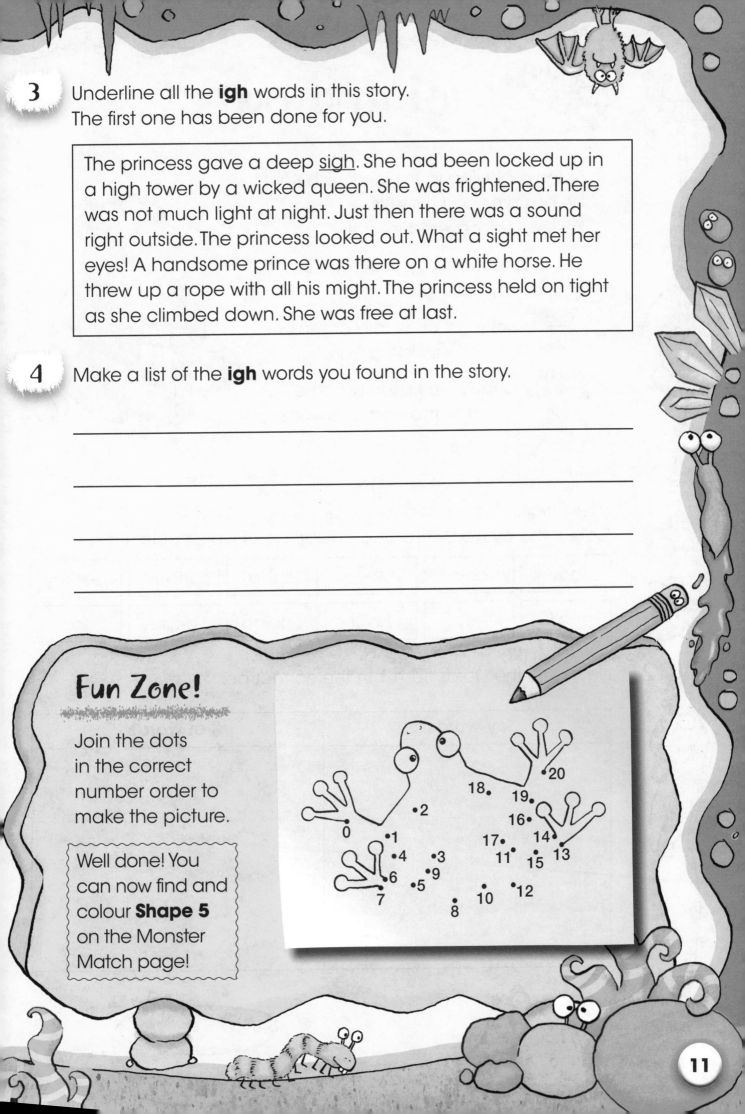

oi and oy

Nano is playing in the park with Kora.
He has dropped his t**oy**s.
They are all covered in s**oi**l!

The letters **oi** and **oy** make the same
sound in words.

s**oi**l — **oi** usually comes
inside a word.

ann**oy** — **oy** usually comes at
the end of a word.

1 These words have been mixed up.
Colour the **oy** words red and colour the **oi** words blue.

boy	coin	toy	enjoy	annoy	destroy
boil	joy	hoist	choice	noise	foil

2 Now write the words from **1** in the correct box.

oy words	oi words

3 Choose and write the correct word under each picture.

| coin | toy | point | destroy |

a

_____

c

_____

b

_____

d

_____

4 Use the best word to fill in each space.

| point | enjoy | joy | boil | toy | voice | boy |

a I _____ riding my bike.

b You can _____ eggs in water.

c The pin had a sharp _____.

Fun Zone!

Help Nano find his toy.

Congratulations! You can now find and colour **Shape 6** on the Monster Match page!

Monster Challenge 1

1 Make words by adding the word beginnings.
The first one has been done for you.

a ick _brick_   **c** ash _____   **e** ip _____

   [br]   [cr]   [dr]

   and _____   ack _____   ink _____

b ab _____   **d** am _____   **f** ap _____

   [gr]   [pr]   [tr]

   uff _____   od _____   uck _____

2 Read the clues.
Complete each word with **ee** or **oo**.

a You eat it   f _OO_ d   **e** Seven days in it   w_____k

b It is on a house   r_____f   **f** It is part of a foot h_____l

c Comes after two   thr_____   **g** Shines at night   m_____n

d You swim in this   p_____l   **h** A buzzing insect   b_____

3 Choose **oi** or **oy** to complete these words.
Remember that very few words end in **oi**!

a | b_____ | **d** | empl_____ | **g** | p_____son |

b | t_____ | **e** | destr_____ | **h** | p_____nt |

c | t_____let | **f** | v_____ce | **i** | enj_____ |

4

Tick ✓ the real words.
Cross ✗ the nonsense words.

a toy ☐   **d** boy ☐   **g** coin ☐

b doyd ☐   **e** moyd ☐   **h** join ☐

c voisk ☐   **f** enjoy ☐   **i** boin ☐

5

Underline the 'hidden' **igh** words.
Write each word you find.
The first one has been done for you.

a qwe<u>high</u>r   *high*

b dfgthighjk   _____

c tightmnbvc_____

d zxcmightvb_____

e xlightaqwr _____

f uiopsighas _____

g bsightbnmv _____

h arightdfgh _____

i nmfightkjh _____

j asdfgbright _____

6

Put the real words and nonsense words in the correct boxes.
One has been done for you.

high **kigh** **right** **quigh** **bright** **vigh** **knight** **zigh**

Real words	Nonsense words
	kigh

Long Vowel Sounds

Kora is having a birthday party.
There will be c**a**k**e** on a pl**a**t**e**.
M**a**k**e** sure you are not l**a**t**e**!

Long vowel sounds	Words
ai, ay, a-e	sn**ai**l, d**ay**, c**a**k**e**
ee, ea, y, e-e	s**ee**, p**ea**, reall**y**, th**e**s**e**
ie, igh, y, i-e	p**ie**, s**igh**, sh**y**, f**i**v**e**
oe, oa, ow, o-e	t**oe**, b**oa**t, sn**ow**, h**o**m**e**
ue, oo, ew, u-e	cl**ue**, f**oo**d, ch**ew**, t**u**n**e**

You can see that some long vowel sounds
are split.

1 Write the words below.
The first one has been done for you.

a s+**a**+m+**e** = _**same**_   **d** r+**o**+b+**e** = _____

b c+**a**+n+**e** = _____   **e** r+**i**+d+**e** = _____

c p+**i**+p+**e** = _____   **f** c+**u**+t+**e** = _____

2 Write the long vowel sound **a-e**, **i-e** or **o-e** next to each word.
The first has been done for you.

a t**a**pe = _**a-e**_   **d** m**a**te = _____

b c**a**pe = _____   **e** m**o**pe = _____

c p**i**ne = _____   **f** sh**i**ne = _____